राधे के बोल

"राधे राधे"

पुष्पिता अवस्थी

(प्रवासी साहित्यकार)

डायमंड बुक्स

www.diamondbook.in

प्रकाशक : डायमंडपॉकेट बुक्स (प्रा.) लि.
X-30, ओखला इंडस्ट्रियल एरिया, फेज-II
नई दिल्ली-110020
फोन : 011-40712200
ई-मेल : sales@dpb.in
वेबसाइट : www.diamondbook.in
संस्करण : 2025
मुद्रक : रेप्रो (इंडिया)

Radhe Ke Bol "Radhe Radhe"
by *Pushpita Awasthi*

মানুষ যখনই সত্য করে দেখে
তখনই সে চিরন্তনকে অনুভব করে,
এই কথাটি বলবার জন্যেই সে ছবি আঁকে
কাব্য লেখে, গান গায়।

শ্রী রবীন্দ্রনাথ ঠাকুর

২২ ভাদ্র
১৩৩৫

«L'âme de l'homme jaillit en peinture, poésie et chant, chaque fois qu'elle saisit un trait de lumière intime de l'Infini. L'Homme ne saisit ce trait de lumière que lorsque sa vision atteint la vérité profonde des choses».

Rabindranath Tagore

«The soul of man emerges in painting, poetry and song every time it captures an intimate glimpse of the light of the Infinite.
Man does not capture this ray of light unless his vision embraces the profound truth of existence.

Rabindranath Tagore

समर्पण

परम आदरणीय नीरा भाभी और नरेन्द्र भाई के वैवाहिक सानिध्य के पचास वर्ष और भाई साहब की उम्र की हरिक जयंती के पावन अवसर पर 'राधे के बोल' काव्य संग्रह समर्पित है जिसके बोल उनके घर और मन के घर में गूँजते हैं।

डायमंड प्रकाशन के द्वारा विगत पचास वर्षों से अधिक समय में पूरे परिवार के एकात्म समर्पण ने देश-विदेश में पुस्तक पठनीयता की संस्कृति विकसित की। प्रकाशन संघर्ष के ऐसे जुझारू परिवार और डायमंड परिवार के समर्पित कार्यकर्ताओं को 'राधे के बोल' इस विश्वास से समर्पित है कि निश्छल और निस्वार्थ प्रेम जीवन की पूर्ण शक्ति है- जिसमें राधे राधे कहने से श्रीकृष्ण समाहित हो जाते हैं और बांके बिहारी कहने से श्रीराधा की चुप्पी भी शक्ति बन गूँज उठती है।

अनुक्रम

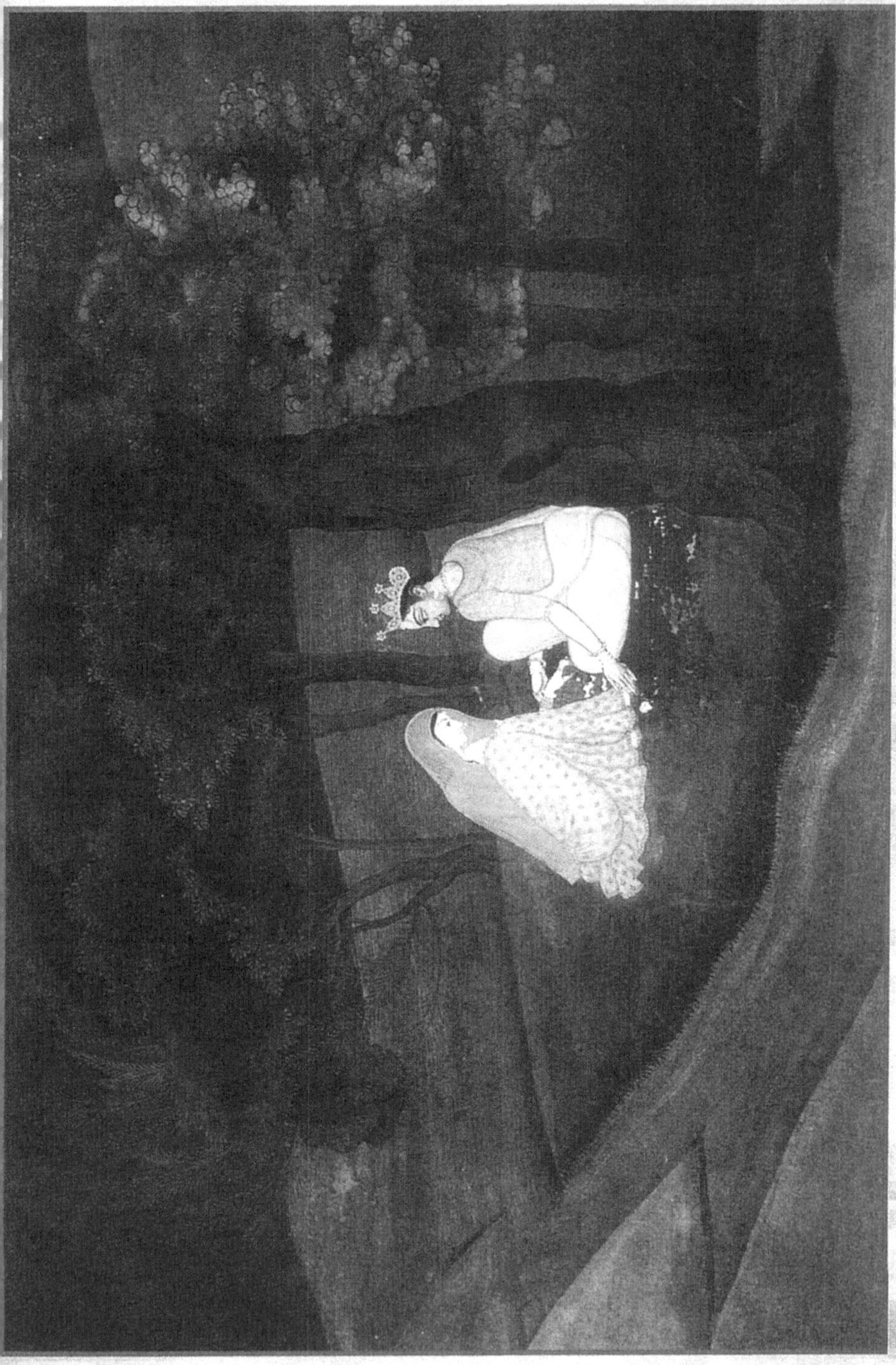

राधे राधे

प्रेम अर्धनारीश्वर है। प्रेम हृदय का आनंद है। प्रेम आत्मा का सुख और चेतना की चैतन्य अभिव्यक्ति है। प्रेम आत्मा का धर्म है और धर्म की आत्मा है प्रेम जीवन का 'बीजक' है। जिनकी आत्मा में प्रेम का बीजक बसा है, वे प्रेम के पर्याय रूप में मनुष्य हैं। प्रेम धर्मों का भी बीजक मंत्र है और जीवन का भी। समय का दंडविधान निष्पक्ष होता है। राजाओं का इतिहास जर्जर पृष्ठों में हाँफ रहा है, लेकिन प्रेम की वाणी संतों की रागिनी बनकर शब्दों और कंठों में समाई है। कबीर, मीरा और सूर के पद समय की सच्चाई के साक्षी हैं, जिन्होंने अर्थ की देह से शब्दों के आवरण को हटाकर जीवन - अर्थ की साधना की।

एक समय था जब भक्तों और सूफियों के लिए उच्च स्थान का निकष भक्ति, प्रेम और इश्के -हकीकी (पारलौकिक - प्रेम), इश्के - मजाजी (लौकिक- प्रेम) था। मनुष्य और सृष्टि सब मिट्टी हैं। ईश्वरीय शक्ति इन्हें सँवारती और बिगाड़ती रहती है। यह देह माटी का मंदिर है, जिसमें हमने ज्ञान, ध्यान, प्रेम का दीपक जला रखा है। इस मिट्टी की दुनिया का, जिसके दायित्वों और कर्तव्यों से उऋण होना मुक्ति के लिए जरूरी है। कबीर के यहाँ प्रेम का पूर्ण स्वरूप है। लौकिक से पारलौकिक प्रणय की अद्भुत यात्रा और उसकी विलक्षण व्याख्या है। कबीर का प्रणयी हृदय नारी चित्त सदृश है। देह से परे सिर्फ प्रेम की देह है, जहाँ कबीर का प्रेमी हृदय सहज समाधि लगाता है। सघन प्रणयानुभूति में ही सहज समाधि संभव है और सहज है जब अनुभव होता है – कबीर के शब्दों में-

जहाँ जहाँ जाऊँ सोइ परिकरमा, जो कछु करूँ सोइ पूजा।
गृह उद्यान दोउ सम करि लेखूँ, भाव मिटाऊँ दूजा॥
आँख न मूँदूँ कान न रूँधू, काया कष्ट न धाएँ ।
उघरे नयन से साहिब देखूँ, हसि हसि बदन निहारूँ ॥

शब्द निरंतर मनुवाँ राँचे, मलिन वासना त्यागी ।
जागत सोवत ऊठत बैठत, ऐसी तारी लागी ॥

सघन प्रणयानुभूति व्यक्ति को आध्यात्मिकता के आनंद के शिखर तक पहुँचाती है कि तभी गहराई से अनुभव होता है-

रस गगन गुफा में अझर झरै,
बिन बाजा झनकार उठे जहँ, समुझि परै जब ध्यान धरै ॥
बिना ताल जहँ कवल फुलाने, तेहि चढि हंसा केलि करै।
बिन चंदा उजियारी दरसै, जहँ तहँ हंसा नजर परै ॥
दसवें द्वारे तारी लागी, अलख पुरुष जाको ध्यान धरै ॥
काल कराल निकट नहिं आवे, काम क्रोध मद लोभ जरै ॥
जुगन जुगन की तृषा बुझानी, करम भरम अघ व्याधि टरै ॥
कहँहि कबीर सुनो भाई साधो, अमर होय कबहूँ मरै ॥

आध्यात्मिक जगत् की यह प्रणयानुभूति लौकिक मन - देह के संसार में घटित होकर चरम आनंद प्रदान करती है। काम, क्रोध, मद, लोभ आदि, जो समाधि के विरोधी हैं, वे सब योगाग्नि से जलकर भस्म हो जाते हैं। अनंत युगों की तृषा बुझ जाती है। कर्म, भ्रम और अघ अर्थात् पापरूप व्याधियाँ जीवन से अपदस्थ हो जाती हैं। जिसको सिद्धावस्था तथा सहजावस्था भी कहते हैं, वही प्रेम की सहज समाधि है, जहाँ भोग भी योग की सिद्धावस्था से जन्म लेता है। प्रेम के क्षेत्र में भी आज कबीर के निर्गुनिया प्रेम रस की आवश्यकता है।

बंगाल के बाउल भक्त और प्रेमी जन जहाँ सभी परंपरागत बंधनों से मुक्त हवा की तरह भ्रमण करते हैं वहाँ भी प्रेम की सहज साधना की बहुत सुंदर अभिव्यक्ति मिलती है। उनके प्रेम भाव के सार तत्त्व में प्राय: यह भाव रहता है-

'मैं इसलिए बावला हो गया हूँ, मेरे भाई
कि किसी रीति, किसी रिवाज

किसी मालिक का पाबंद नहीं
मनुष्य के बनाए हुए भेद-भाव मेरे लिए व्यर्थ हैं।
मैं अपने मन से पैदा होनेवाले प्रेम के सरोवर में डूबा हुआ हूँ
प्रेम में विरह और वियोग नहीं, मिलन ही मिलन है
दिल से दिल मिले रहते हैं
मैं इस खुशी में नाचता-गाता रहता हूँ
मैं इसलिए बावला हो गया हूँ, मेरे भाई ॥'

बाउल समाज अपनी उन्मुक्त प्रणय भावना के ईमानदार प्रभाव के कारण अपना कोई इतिहास नहीं लिखते हैं, क्योंकि वे अपनी प्रेम-परंपरा का कोई चिह्न नहीं छोड़ना चाहते हैं, जैसे नदी में तैरती हुई नाव अपना कोई निशान नहीं छोड़ती है। सच तो यह है कि प्रेम और भक्ति की उस धारा पर तैरना चाहिए, जो भक्तों और प्रेमियों के अपने जीवन से सहज ही पैदा होती है। कबीर की समाधि की तरह और बाउला के सहज प्रणय गीत की तरह। जो अनवरत हम सबकी धड़कनों के साथ इस अनुभूति में समाया है-

pushpitaawasthi1960@gmail.com
0031-630410778
Prof. Pushpita Awasthi
NASSAU PLEIN - 11 N
1815 GM ALKMAAR
The NETHERLANDS

एकल अनुभूति

प्रणय
परकाया प्रवेश साधन
देहांतरण में रूपांतरण की
अंतरंग साधना

प्रणयानुभूति
द्विजत्व की एकल अनुभूति

प्रायः
राग की आग भिजोती है-
और अपनी
आर्द्रता में दग्ध करती है।

देखती हूँ
चाँद को कुछ इस कदर
एकटक
कि चाँदनी का अर्क
मुझमें उतर जाए
प्रणय की तरह

प्रणयाकाश

प्रेम
मन को परत-दर-परत
खोलता है-
और रचता है- आकाश
नवोन्मेषी प्रणय के लिए
प्रणय-विश्वास
हृदय-हथेली में
रखा हुआ
मधु-पुष्प है
साँसों की सुगंध में
तुमहरे प्राण

जिनमें
उड़ान की शक्ति
रचे हुए हैं- प्रणय के शब्दों में
पृथ्वी का कोमलतम स्पर्श
सारी क्रूरताओं के विरुद्ध।

□

स्याही का अमृत

तुम्हारी आँखें
सेती हैं – दूसरों के लिए सपने
चिड़िया की तरह
रचती हैं सुख
अपनी नीली- झील में

उस
सौंदर्य को
पीती हैं मेरी आँखें
ओंठ बनकर
और रिसता है सौंदर्य
अधर तक के लिए

नील- ट्यूलिप-सी
तुम्हारी आँखों तक
पहुँचकर
बुझ जाती है
राख बनानेवाली आग

तुम्हारी आँखों से
लेती हूँ - दुनिया देखने
और रचाने की दृष्टि
और शक्ति

तुम्हारी आँखों के लिए
प्यारी और सुखदायी
बनाना चाहती हूँ दुनिया
जिसमें आँसू न हो
आँसू, दुनिया के लिए
आँख का पानी है
तुम्हारे लिए
दुःख की आग है

तुम्हारी आँखों से
पैदा होते हैं - सपने
सूनी, खाली और डरी हुई
लेकिन भोली और मासूम
आँखों के लिए

तुम्हारी आँखों से
होकर जाते हैं - शांति पथ
जिसे आकाश मार्ग में
पक्षी तलाशते हैं।

तुम्हारी आँखों में है—
कैरीबियाई सागर का
नील- युवा अथाह - जल
जिससे धोती हूँ-
विश्व के शीत-युद्धी

हिंसक घाव

तुम्हारी आँखों में
समायी है-
सभी धर्मों के सार की
सरस-सुगंध
और धर्मों की
संजीवनी के लिए अमृत-स्याही
जिससे रचते हैं-
नव- भाषा
नई पीढ़ी की
नव-सृष्टि के लिए
जो रचे
धर्मों से परे
मानवीय धर्म

स्नेह आख़र

कबीर का ढाई आखर
मन-मानस के समुद्र तट पर
साथ-साथ
लिखने के लिए
चुना है तुम्हें
कोरा सफेद कागज हो तुम

पूर्णिमा की चाँदनी
अपनी आँखों से
तुम्हारे हृदय की आँखों में
रखने के लिए
कुछ नए सपनों ने
चुना है— तुम्हें

सूरज का पिघलता ताप
हथेली का दमकता आर्द्र अमृत
तुम्हारी हथेली में
रखने के लिए चुना है तुम्हें
जैसे- आत्मा की फसल हो तुम।

□

सपनों की चौखट में

कलाई की आँखें प्रतीक्षा में हैं-
तुम्हारी प्रणय स्पर्शित घड़ी
की धड़कती वाणी है जिसमें

प्यार की
आँखों की चौखट में
तुम्हारे विश्वास की अल्पना है

मथुरा मंदिर के
पाषाण-छत्र पर
अपने दुःख को मौन में साधे हुए
कपोत-युगल
कृष्ण और राधा के
प्रणय की अनन्य रागिनी को
सुनते हैं - हवाओं की साँसों में
और गुनते हैं - प्रणय की प्राण-शक्ति जो
एकनिष्ठ होकर ही सर्वनिष्ठ है

राधा के मन की तरह
स्मृति में जीती हूँ–कृष्णानुराग
और कृष्ण हो जाती हूँ
तुम्हारी प्रतीक्षा में
प्यार के लिए।

□

तपस्या का ताप

तुम्हारी हृदय अँजलि में मेरी हथेलियाँ
जैसे यज्ञ - वेदिका में
तप रही आहुति
पुण्य के लिए

तुम्हारी आँखों में
प्रेम की निर्मल गंगा
आकाशी निलाई के साथ
समाता है— चेहरा
मुझे चूमता हुआ

तुम्हारी आँखें
मुझे पढ़ती हैं-
प्रेम की पहली पुस्तक की तरह
शब्दों में बैठी हैं - अर्थ की गहरी जड़ें
ऋग्वेद और पुराणों के अर्थसूत्र
खोजती हूँ तुम्हारे शब्दों में
तुम्हारी मुट्ठी में हर बार
मेरी हथेली रख देती है— कुछ आँसू
अनकही तकलीफों की गीली तासीर

तुम्हारे वियोग में
जनमते हैं - अक्षय प्रणय शब्द - बीज

जो मेरे खालीपन को
खलिहान में बदलती है

भगवान् की प्रतिमा पर
चढ़ा मेरा शब्द-पुष्प
चरम सौभाग्य बनकर
आता है— मेरी हथेली में
तुम्हारी हृदय - अँजलि में
पुष्प बन चढ़ने के लिए।

□

विलय-गूंज

तुम्हारी साँसों से
साँस लिये हुए
वक्ष के कोई शब्द
बिगड़ नहीं पाएँगे
विध्वंस के बावजूद
धड़कनें-
सही-सही सुनेंगी
प्यार के शब्दों की
सार्थक अनुगूँज

समय-क्षितिज से परे
दिवस होंगे-
न सुबह होगी
न शाम होगी
चिड़िया की पुकार में से
शब्द घुलेंगे मेरे
हमारे अपने प्यार के लिए
तुम्हारे सर्वस्व के साथ
सर्वस्व के लिए

चह-चह में बजेगी राग - भैरवी
प्रणय का प्रथम रश्मि - गान

न ओस
न आवाज
लेकिन मौन रहेगा
अनंत प्रेम में
सृष्टि के लिए।

□

कैनवास के रंग

तुम्हारे पास
मेरे शब्द हैं
और मेरे पास
तुम्हारा मौन

तुम्हारे पास
मेरे अधीर स्वप्न हैं
मेरे पास
तुम्हारा इच्छित संसार

स्वप्न के कैनवास में
भरते हो यथार्थ के चटख, शोख और सरस रंग
और मैं देती हूँ उन्हें शब्द - नाम
कि रेखाएँ और रंग भी
नाम पाकर
व्यक्ति से व्यक्तित्व बन जाते हैं-
अविस्मरणीय – तुम्हारी ही तरह

स्मृतियों में बसे रहते हैं-
अकेलेपन के विश्वसनीय सहचर से
कभी तुम्हारे शब्द
कभी खुद के जाये - आत्मज शब्द

सविता रश्मियों की
सुनहरी अँजलि में
रखती हूँ — स्नेह - चितवन के समर्पण का
अक्षय चुंबन

परदेश की हवाओं में
घुलाती हूँ - प्रणय-गंधी स्वप्न-श्वास
और अपरिचित दुनिया को
बनाती हूँ — आत्मीय
जैसे- बच्चे बनाते हैं-
रेत में घरौंदा
जीवन यथार्थ में जीते हैं-
स्वप्न खेल

प्रणय सुरभित तुम्हारे वक्षाकाश में
रोपती हूँ - अपने आकांक्षा- बीज
प्रणय के नील-पुष्प के सुरभित प्रस्फुटन की
लालसा में जागती हूँ — सारी रात

सृजन की आहट अगोरती धड़कनें
तुम्हारे प्रणय में नहाकर
रचना चाहती हैं- स्नेह तरंगित ध्वनियाँ
तुम्हारे वक्ष में बनाए
अपने नेह-नीड़ का अमर नाम रखने के लिए

वियोग-संताप की
घनघोर घटाओं से
भरी आँखें जीती हैं - रात-दिन
अश्रु बरखा
भीतर-ही-भीतर
बरसती है-
भिगोती है-
स्मृति राग से।

□

मेघ राग

बादल की बूँदों की तरह
तुम हो मुझमें
स्वर्णमयी सूर्य-ताप
सा है तुम्हारा - स्वर्णिम प्रणय
इंद्रधनुषी रंगों की तरह
तुम्हें देखती हूँ - अपने भीतर

सूर्य की पहली किरण
अंतरिक्ष में लिखती है - सूर्य नाम
अपने एकाकी अंतरिक्ष में
लिखा है- तुम्हारा नाम

मछलियाँ
प्रातः ही गाती हैं
पानी के भीतर
प्रणय की प्रथम अगवानी का गान
सूर्य रश्मि के साथ
जैसे मैं अपने रक्त की प्रणय नदी में
गाती हूँ तुम्हारा प्रणय गान
हवाएँ चुपचाप
घूमती हैं - इधर से उधर
प्यार की संजीवनी के लिए

खोजती हैं - तुम्हें
अपना प्रथम वासंती चुंबन
सौंपने के लिए
मुट्ठी में

नदी-सी बहती रहती हूँ
गंगाजल बन जाने के लिए
कि तुम्हारे आने से
गंगोत्री हो जाऊँगी मैं
प्रणय की अजस्र गंग- धारा

□

विसर्जन - सुख

वसुधा
सूरज से अर्जित करती है
अपना दिवस

साँसें
हवाओं से
अर्जित करती हैं
अपने लिए धड़कनें

नदी से
अर्जित करनी पड़ती है
जल और पवित्रता

ईश्वर से
अर्जित करना पड़ता है
उसका आ शीर्वाद

सूरज से अर्जित करते हैं
ऊर्जा और ऊष्मा
ताप से तपकर
वैसे ही
तुमसे अर्जित करते हैं तुम्हें
तुम्हारे
आत्म-विसर्जन में।

□

स्मृति - राग

मेरे भीतर
छूट गया है-
तुम्हारी आँखों का लिखा
चाहतों का पत्र
फड़फड़ाता बेचैन
तुम्हारी आँखों की तरह

कहीं बहुत भीतर
तुम्हारी पलकों की बरौनियाँ
लिखती हैं-
स्मृतियों के गहरे सुख
जो रचती हैं
अन जी आकांक्षाओं की प्यास

मेरे भीतर
छूट गया है
तुम्हारे प्रणयालिंगन का
स्मरणीय छुअन
उस परिधि भीतर
समाकर
धुल जाती हूँ नेह में
नेह की निर्मल सरिता में

तुम्हारी परछाईं में
मिल जाती है परछाईं
एकालोक।

□

पूर्ण - परछाईं

सूर्य की
परछाईं में
होता है - सूर्य

प्रकाश के
प्रतिबिंब में
होता है - प्रकाश

सूर्य अपने ताप से
बढ़ाता है-
अपनी ही प्यास
और नहाते हुए नदी में
पीता है - नदी को
अपने दग्ध ओंठ धरकर

नदी,
समेट लेती है
अपने प्राण-भीतर
सूर्य को
और जीती है
प्रकाश की ईश्वरीय प्रणय देह - जानकी की तरह

नदी
पृथ्वी में समा जाती है

धरती का दुःख कम करने के लिए
जैसे मैं - तुममें

वसुधा अपनी गोद में
सुला लेती है अंत:सलिला को
कि इससे पहले
वह सूख जाए
जिला लिया है तुमने वैसे ही वक्ष-भीतर अपने
प्रेम की शक्ति से भरकर
भरा है मुझे
अधूरेपन को पूरने के लिए।

□

जीवन - घर में

जिंदगी के लेटरबॉक्स में
चिट्ठी की तरह आए तुम
और हृदय का प्रेम-पत्र बन गाए

मीठे उजालेपन में
चाँदनी जब सारे सितारों की चमक में
समा चुकी होती है
चाँद सोता है— तुम्हारी आँखों में
सपना बनकर
अकेलेपन की मोमबत्ती की रोशनी में
कभी पिघलते हैं - शब्द
और कभी मैं

अपने भीतर की साँस रोककर
शब्दों से खींचती हूँ—साँस
पसीने से तर-बतर
मन की उमसती कसक को
अपनी पसीजी हथेली में रखती हूँ
तुम्हारी सुकोमल याद से भरकर

प्रेम से जाए
तुम्हारे लिए लिखे गए
शब्दों की मुट्ठी में हैं-

प्यार की अमर बूँदों का
जादुई यथार्थ
शब्द की हृदय - मंजूषा में

गहरे एकांत में
चुपचाप जन्म लेते हैं- शब्द
जैसे—आधी रात को बदलती है तारीख
दिन बदलने से पहले
हवाओं की साँस ठहर जाती है-
क्षण भर को
जब सितारे लिखते हैं- नई तारीख
नया दिवस

सूरज, हर सुबह
नई तारीख में भरता है - धूप
मेरे भीतर के अक्षय शब्द-स्रोत
को पूरता है
कि मेरे भीतर ही
जन्म लेता है— मेरा अंतरंग आत्मीय प्रेम
मैं मिलती हूँ अपने प्रेम से
जो जनमता है तुमसे
जैस गंगोत्री से जनमती है— गंगा
जैसे भगीरथ अन्वेषित करते हैं गंगोत्री
जैसे पर्वत जनते हैं अपनी स्नेह-सरिता को

शब्दों की शहदीली चमक
तुम्हारी प्यार - भीगी आँखों में होती है
जिनसे रिसता है - सौंदर्य रस
जिसकी छुअन पहचानते हैं—ओंठ
जैसे - कवि के ओंठ
पहचानते हैं - अपनी कविता के शब्द
वैसे ही - कविता के अधर
पहचानते हैं कवि के ओंठ
'अधर' चुंबन बनकर
खिल पड़ना चाहते हैं- एक-दूसरे में
शब्दों की तरह
शब्दों में प्रेम की तरह।

□

शब्द - राग

प्रेम
आँखों में खुलता है
और जीवन-दृष्टि बनकर रहता है

प्रेम को
सिर्फ आँखें पहचानती हैं
पहचान के लिए लिखती हैं
प्रणय के नए शब्द
प्रेम के नए आविष्कार के लिए

साँस की लय में रचे हुए शब्द
घुल जाते हैं अपनी लय में
जैसे - राग में शब्द
शब्द में राग

प्रेम ने रचा है प्रेम
सारे विरोधों के बावजूद

सार्वभौम शब्द-गूँज
प्यार अनुगूँज
जिसमें भूल जाता है
व्यक्ति-स्व

और शेष रहता है
सिर्फ प्रेम

जैसे—समुद्र में समुद्र
धरती में धरती
सूरज में सूरज
चाँद में चाँद
और प्यास में पानी।

मौन-गूँज

सारी विध्वंसात्मक
कोशिशों के बावजूद
मेरे वक्ष का कोई शब्द
बिगड़ नहीं पाएगा

तुम्हारी अनुपस्थिति में
धड़कनें सुनेंगी सही-सही
शब्दों की सार्थक अनुगूँज

बिना क्षितिज के दिवस होंगे
न सुबह होगी
न शाम होगी
चिड़ियों की पुकार में
घुलेंगे शब्द
और उठाएँगे तुम्हें
तुम्हारे सर्वस्व के साथ
सर्वस्व के लिए

चह-चह में गूँजेगी राग भैरवी
न ओस
न आवाज
लेकिन मेरा 'मौन' रहेगा
तुम्हारे साथ
अंतहीन रिक्तता में
तुम्हारे लिए
धड़कनों की तरह।

□

अनश्वर

धरती की माटी ने
अपने मन-देह-गर्भ से
काढ़कर निकाली है-
तुम्हारी छाती
जिसमें धरती को
बचाने और रचने के सपने हैं
अपने प्रेम को बचाने की तरह

तुम !
प्रेम के लिए धरती
और धरती के लिए
प्रेम को बचाए
रखना चाहते हो
क्योंकि तुम
भगवान् की पूजा को
सही तरीके से जानते हो
तुम्हारी छाती
पृथ्वी का सबसे सुंदर
स्थायी और विश्वास का कोना हैं जहाँ
किसी भी तरह की विस्फोटक
और दैविक आपदा आने पर

बची रहेगी तुम्हारी छाती
प्रलय आने पर
धरती में बचे हिमालय के शिखर पर
एक कोने की तरह
जहाँ मनु की तरह
तुम मेरी प्रतीक्षा करोगे
और मैं
तुम्हारे वक्ष पर
सृष्टि के पुनर्जन्म के लिए
प्रेम का पहला शब्द लिखूँगी अपने ओठों से
ईश्वर - वाणी की तरह
जो हर धर्म के सृजन का
पहला शब्द बने
अनश्वर !

□

ईश्वरानंद

मैं
तुम्हारी मेहनत की फसल हूँ
और तुम
मेरे हृदय का 'प्रथम - विश्वास'
मैं
तुम्हारे हृदय का अमृत पीकर
खिलती हूँ-
तुम्हारे नाम के 'पुष्प में'
हृदय का रूप बनकर
'प्यार' की पहचान आँख - सी

मैं
तुम्हारे हृदय का खेत हूँ
अपने परिश्रम के अनाज की तरह
अँजलि में लेकर
मिटाते हो आत्मा की - भूख

मैं
तुम्हारी स्मृतियों के कुठले में
संचित उपजाए अनाज की तरह हूँ
अपने हृदय की
अंतः सलिला में तुम

रूपवान मछली की तरह
तैरने देना चाहते हो मुझे
तुम,
जीना चाहते हो मुझमें
प्रेम का सौंदर्य
और मैं
पीना चाहती हूँ—
सौंदर्य-सुख
जीवन का विलक्षण आनंद
धर्म
जिसे 'ईश्वरानंद' मानता है।

रेखांकन

तुम !
कैनवास हो मेरा
जिस पर आँखें
खींचती हैं - प्रणय की रेखाएँ
और ओंठ भरते हैं
इंद्रधनुषी गीले रंग

तुम !
उजले और कोरे कागज हो - बेदाग
शब्द और रेखाओं से परे
जिस पर
रचती हूँ मैं - अनलिखी
बेआवाज-ध्वनि
जिसे
सृजनधर्मी उँगलियाँ पढ़ती हैं
और सुनती हैं
प्रेम का रूपवान्
चेहरा बनकर।

□

कस्तूरी- सुगंध

आँखों के नीलाकाश में
घिरते हैं बादल
तुम्हारे हृदय का पावन समुद्र
बरसता है मुझ पर
स्वप्निल रंगीन सुगंध के सृजन निमित्त

तुम्हारी आँखों में
सो जाती हूँ मैं - एक स्वप्न की तरह
दुनिया की झूठ और हिंसा से थककर

तुम्हारे वक्ष में
सिमट जाती हूँ - एक बीज की तरह
पुनः अलौकिक विशिष्ट पुष्प फल के लिए

अपने मन गर्भ में
तुम्हारे हृदय का बीज लेकर
मैं मूर्त रूप से रचना चाहती हूँ —तुम्हारा हृदय
तुम्हारी संतान की तरह
वास्तविक सृष्टि की तरह
जैसे- रेखाओं और शब्दों में रची जाती है - सृष्टि
कुछ भी रचने से पहले
अमिट सृजन के लिए।

□

ईश्वरीय प्रेम

मैंने
तुम्हारे साथ के जीवन की
शुरुआत में ही
रख दिए थे हैं - अपने रक्त अधर
प्रेम शब्दों के लिए

मैंने
चुना है—तुम्हें
तुम इस शताब्दी के ईश्वर हो
तुमसे सीखूंगी मैं प्रेम और विश्वास की भाषा
(दुनिया को हिंसा विरुद्ध करने के लिए)
तुम्हारी आत्मीयता से
रचूँगी-सजल-उर-प्राण सदृश
सरस और विश्वसनीय बोली
हृदय से हार्दिक संवाद के लिए
तुम्हारे आचरण की मिसाल से-
धरती का आदमी सीखेगा
पृथ्वी की औरत से प्यार करना
जो सृष्टि भी रचती है और पुरुष भी
वह प्रकृति है

मैंने

चुना है तुम्हें
शताब्दी के पूरे जीवन के लिए
तुम्हारा प्यार ही
बचा सकता है— समय
और समय में
पूरी शताब्दी को।
तुम जानते हो
इतिहास की ठोकरों से
कैसे समय को
और समय को प्यार करनेवाले
लोगों की छाती पर
लिखी हुई ऐतिहासिक
इबारत को बचाया जा सकता है

तुम
प्यार की शताब्दी के
इतिहास-पुरुष हो
तुममें मैं
पूरी शताब्दी का
प्यार देखती हूँ - नियाग्रा झरने की तरह
अनवरत—
सिर्फ मेरे लिए ही झरता हुआ

तुमसे

मिलकर
इस शताब्दी के लिए
प्रेम की भाषा की अभिव्यक्ति के लिए
एक लिपि रचेंगे
जैसे- स्पर्श की लिपि में
होती है - प्यार की भाषा
और सुगंध में होती है
सौंदर्य की बोली
तथा सरसता में झरती है
मिठास की अनकही अंतरंगता

संताप-सुख

तुमसे
छुपाकर जीती हूँ
तुम्हारा वियोग

आवाज में ही
दबा ले जाती हूँ रुलाई
लिखने से पहले
शब्दों से खींच लेती हूँ
बिछोह की पीड़ा

तुम तक
पहुँचनेवाले सूर्य और चंद्र में
चमकने देती हूँ
चूमा हुआ प्रेम
बिछोह के दर्द को
घोलती हूँ
रक्त भीतर
कि आँख में
जन्म न ले आँसू

ओठों की तड़प को
अपनी ही
उँगलियों से

मसलती रहती हूँ
बेबसी के दारुण क्षणों में
फिर भी
ओठ सिसकते ही रहते हैं
साँस की तरह
अपने प्रेम के बिछोह में

□

अकेलेपन की व्याकुलता

मेरी घड़ी में
जागता है— तुम्हारा समय
मेरी साँसों में
तुम्हारी साँसें
अपनी आँखों से
जोड़ दी है तुम्हारी आँखें
जी जुड़ाने के लिए

तुम्हारी महक को
बचा लाई हूँ
सामानों में
कि वे स्वप्न बन गए
और कमरे में
तुम्हारी पहचान की सुगंध
अकेलेपन की घुटन के विरुद्ध

तुम्हारे सामान
मेरे सामानों को
अपनी पहचान दे रहे हैं-
तुम्हारी हथेली की तरह

मेरा प्यार
धरती के अनोखे

पुष्प-वृक्ष की तरह
खिला है - तुम्हारे भीतर
अपने ओठों से
चुनना चाहती हूँ
वक्ष - धरा पर खिले
पुष्प को
जिसमें तुम्हारी
मन-माटी की सुगंध है
- अद्भुत

तुम्हारे
ओठों के तट से
पीना चाहती हूँ
प्यार का अमृत - जल
शताब्दियों से उठी हुई
प्यार की प्यास
बुझाने के लिए

ओठ
अपनी रंगत के लिए
छूना चाहते हैं
तुम्हारे अधर
समय पर
अपनी मोहर के लिए

आँखें
वापस अनुभव करना चाहती हैं
रोशनी
प्यार की खुशी को
जीने के लिए

आँखें
अपना चेहरा
देखना चाहती हैं
तुम्हारी आँखों के
प्यार में

साँसें
साँस लेना चाहती हैं
तुम्हारी साँस से
अपने गर्भ में
खिल रहे
प्रणय- शिशु के लिए

मेरा ह्दय गर्भ
तुम्हारे प्रेम की कोख है
जहाँ तुमने रची है
अपने प्रेम की प्रथम संतान
हिंसक हो रही धरती पर
प्रथम प्रणय पुष्प की तरह

मेरी हथेलियों में
जागता है
जीवन-सुख
तुम्हारी हथेलियों की धमनियों की
नदी में डूबने के बाद

जहाँ से अनुभव करती हूँ
तुम्हारे हृदय के
प्यार की सृष्टि
अपनी संतान के लिए।

□

आँखों के करधे पर

तुम्हारी अनुपस्थिति में
घर का दर्पण रहता है- उदास
मेरी तरह-सूनेपन से संपूर्ण

घबराए हुए स्वप्न
देखते है - अपना चेहरा
समय छोड़ जाता है
अपने कुछ प्रश्नचिह्न

परछाईं में
उतर आए हो तुम
स्मृतियों से छनकर
मोहक तसवीर में

आँखों के करघे पर
अदृश्य आँखें बुनती है
अलौकिक स्मृति पट्ट
स्मृति अधर लिखते हैं-
अदृश्य हृदय भाष्य

स्वप्न खोजते हैं स्मृतियाँ
स्मृतियाँ देखती हैं - नवस्वप्न
अपने अकेलेपन में

तुम्हारी अनुपस्थिति में
स्मृतियाँ रचती हैं-
उपस्थिति का सौंदर्य - शास्त्र
स्वप्न चुपचाप रचते हैं
तुम्हारी अनुपस्थित उपस्थिति का
अनुपम आत्मीय लास्य

चाँद की चाँदनी की तरह
देह की काँच के भीतर
पसर जाता है तुम्हारा धवल प्रेम
चाँद की
विलक्षण नरमाहट
अनपेक्षित दक्षतापूर्वक
पहुँचती है - पृथ्वी तक
मन के खेतों के बीच
शब्दों की पगडंडियाँ
दूर तलक उनका भविष्य
बाँचती हुई दौड़ जाती है मनतलक

तुम्हारी नसों के रक्त
से अपनी छवि को
छूती हूँ - अपने रक्त में

तुम्हारी छवि में
पूरा विश्व उग आता है - मुझमें

विश्व में तुम्हें
और तुममें देखती हूँ – विश्व

तुम्हारी चुप में
मैं सुनती हूँ
अपने प्यार का सच
आँखें सुनती हैं
प्रेम की आत्मा को
जताने के लिए
अहर्निश।

पर्याय होने का सुख

नदी
जानती है
चाँद का सुख
जब
सारी रात
चाँद खेलता है
उसके वक्ष से कोख तक

नदी की
मछलियों को बनाता है
रुपहला
चाँद और नदी के
अभिसार का
अभिलेख हैं
रुपहली मछलियाँ
कि वे नदी की देह में
खोजती हैं - चाँद को
जो धुल गया है
नदी की देह में
प्रेम का पर्याय बनकर
जैसे-
तुम मुझमें

नदी के
बहाव में है
नदी के प्यार की धुन
ध्वनि से
शब्द बनाने के लिए
चाँदनी बनती है
चाँद की दूतिका
चाँद
सीखता है-
नदी से
प्रेम की भाषा
चाँदनी बनकर
नदी में घुलकर
रुपहली स्याही से
तरंगों में
गाता है प्यार का
लहरियाँ-संगीत
जिसमें लखता है प्रणय की
नई भाषा जैसे- मैं
तुम्हारी साँसों से
खींचती हूँ
प्रेम की प्राणशक्ति
अपने शब्दों की

चेतना के लिए
कि वें जब
खुले और खोलें
अपना मौन
तो रचे-
प्रेम की
अमिट प्राकृतिक भाषा
कि
वह प्रेम
एक बार
पैदा होकर न मरे-छूटे
धरती से

स्वर्ग-वसुधा

तुम्हारा वक्ष
काम की तपस्थली
आँखें
अपने प्रणय गर्भ का सजल उर

तुम्हारा वक्ष
प्रणय का ऋषि - कानन
जहाँ अनुभूतियाँ रचती हैं
दुष्यंत और शकुंतला की तरह
प्रणय का नव-उत्सर्ग
गंधर्व विवाह का आत्मिक संसर्ग

सच्चाई की धड़कनों से गूँजता
मनुष्यता की साँस से साँस खींचता
प्रेम के लिए अपना प्राण-सौंपता
तुम्हारा वक्ष
स्वर्ग का एक कोना
जहाँ प्यार के लिए
सर्वस्व समर्पण है

मेरी आँखें
वक्षाकाश से
खींचती हैं-
एक साथ दो इंद्रधुनष
जिससे बरसता है रंग
बरखा की तरह

□

सर्वस्व

सर्वस्व
साँस ले रहा है
मेरी देह में

अधरों में अधर
आँखों में आँखें
साँसों में साँसें
हथेली में स्पर्श
हृदय में
धड़क रही है
तुम्हारी धड़कनें
अनहद नाद की तरह

अपने सर्वांग में
मैं जीती हूँ तुम्हारा सर्वस्व
तुम्हारे शिवत्व को
साध रही हूँ अपनी शक्ति में
तुम्हारा स्वरूप रचने के लिए

तुममें
खुद को खोकर ही जाना
कि प्रेम में जीना
अर्धनारीश्वर

हो जाना है
लेकिन,
सर्वस्व विसर्जन की
समर्पणी साधना के बाद

देह के ब्रह्मांड में
नव-नक्षत्र की तरह
धड़कनों से
चमक रहा है
तुम्हारा प्रणय

देह की कांति
शक्ति के रूप में
मेरे ही भीतर
रच रही है— प्रेम
प्रेम का जीवन
प्रेम की भाषा
प्रणय की
अलौकिक शक्ति के लिए
प्रेम की
अमिट संस्कृति के लिए

प्रेम में
देह के भीतर
जाग उठती है प्रेम-देह

कानों को
सुनाई देने लगते हैं-
आत्मा के प्रणय- शब्द
ओठों को
कहना आ जाता है अपनी मन की बात

मन
गुनने लगता है
प्रिय की प्रियतम छवि
देह के रंध्र- रंध्र में
बन जाता है—
प्रेम रस का प्रणय-कोश

जानती है जिसे
सिर्फ प्रणय-देह
रचती है अनुभूतियों का अर्थ - कोश
कालिदास के शकुंतला के चित्र की
स्पर्श - स्मृति

प्रेम में
देह के भीतर
जाग उठती है - प्रकृति की प्रेम - देह
देह - शिला के शैल
अंतः निर्झरिणी से भीग उठते हैं
देह का पत्थर
पदार्थ की तरह पिघल उठता है।

प्रणय में
संपूर्ण देह
वक्ष हो जाती है
पूरी काया
हृदय की तरह
धड़कती है

प्रणय निनाद के
शास्त्रीय शब्द की महागूँज
जिसका शास्त्र
सिर्फ साँसें समझती हैं
ग्रीष्म के
प्रथम प्यास की तरह
ठहरता है-प्रेम
बादलों के
आगमन की पहली आहट की तरह
घुसता है भीतर

बरसात की
पहली बूँद की तरह
समा जाता है-मन रेत में रेत से माटी
माटी से देह हुई मन-भीतर
प्रणय की ऋतुओं का सौभाग्य

□

स्वप्न-शक्ति

मैं सुनती हूँ तुम्हें
सुनकर छूती हूँ तुम्हें
तुम्हारी आवाज़
स्वप्न बनकर गूँजते हैं भीतर
कि अंतरिक्ष हो जाती हूँ मैं

ओंठो से चुराकर
तुम्हारे शब्दों को
सुना है तुम्हें
तुमसे ही तुम्हें छुपाकर
शब्दों से गुना है तुम्हें

तुम्हारा ऐकांतिक मौन-विलाप
तुमसे दूर होकर
मैंने जिया है तुम्हें
जैसे नदी जीती है-
अपने भीतर
पूर्णिमा का चाँद
पूर्ण सूर्योदय
झिलमिलाते सितारे
और चुपचाप पीती है-
ऋतुओं की हवाएँ

मेरी ही तरह
तुम्हारी अनुपस्थिति में
मन-चाक पर
देह-माटी ने बनाए स्मृति-जल से
शब्द स्वप्न-पात्र

अकुलाए शब्द पकेंगे
तुम्हारी आँच में
जब सो जाती हैं- धरती की आँखें भी
अपने प्यार के लिए है-
हिम-धरा के यायावर पक्षी से
धवल शब्द
आते हैं मेरी स्मृतियों में
तुम्हें साथ लिए हुए

प्रणवाची उद्घोष

मेरी साँसों की हवाओं में
धीरे-धीरे रम गया है - मौन
जैसे प्रकृति जीती है – सन्नाटा

संगम तट पर
अन्वेषित करनी है
फिर से
सरस्वती धारा
संबोधन के लिए शब्द

तुम्हारे लिए कुछ शंख
और मुझे
तुम्हारी साँसों से
अपने लिए प्राणवायु
प्रणय का प्रणवाची उद्घोष निमित्त

सृष्टि के पंचतत्त्वों में
मन - देह के पंचतत्त्वों से ध्वनित
और समर्पित

संगम तट पर
हथेलियों ने चुनी हैं
कुछ सीपियाँ

और मन ने तुम्हारी स्मृतियाँ
नव-प्रेम के
नवोन्मेष के लिए
सूर्य
स्पर्श करता है - जैसे
प्रपात
कुंड
सरिता
वैसे ही मैं तुम्हें-
बहुत दूर से
अंतरंग स्पर्श

चाँद
जैसे स्पर्श करता है
उष्ण- पृथ्वी
तपी नदी सुरम्य घाटी
उन्नत वृक्ष-शिखर
वैसे ही मैं तुम्हें
समुद्र पार से
छूती हूँ तुम्हारे मन की धरती
अदृश्य पर, दृश्य

जैसे आत्मा
स्पर्श करती है - परमात्मा

और परमात्मा
थामे रहता है आत्मा
दो परछाईं
जैसे अगल-बगल होकर
एक होती हैं—
वैसे ही
तुम मुझमें

मैं तुझमें
प्रणय की साक्षी है - मेरी प्राणाग्नि
अधरों ने पलाश-पुष्प बन
तिलक किया है - प्रणय भाल पर
मन-मृग की कस्तूरी की छँलागों में
सुगंधित है—
अभिमंत्रित, सिद्ध- आदिमंत्र

□

अचंचल परछाईं

एक-दूसरे के
देह-कलश से
छलक-छलककर
अमृत जल से
पवित्र हुई है देह
भीग-भीगकर

प्रेम में
आँखें कुछ भीतर
देखने लगती हैं
मन कुछ भीतर से
सोचने लगता है
स्मृतियों में
चंचल छवि की
अचंचल परछाईं
जिसमें होती है
प्रिय की छवि
अटूट और विश्वसनीय
प्रतीक्षा में
प्रेम की साँसें
आतुर होकर
बुहारती हैं - प्रिय पथ
और निहारती है— दृष्टि पग से
प्रिय दृष्टि

□

अकुलाहट के शब्द

समय ने
उलट दिए हैं
दीवार पर टँगे कैलेंडर
दीवारें लगती हैं
कफन का सफेद टुकड़ा

तारीखों के अंक में
भरे होती हैं - अकुलाहट
चुरानेवाले समय की
कोशिशों की कशिश
सबकुछ अपना बना लेने की
अशेष उद्दाम जिजीविषा

आँखें भी चुप हो गई हैं
और मुँदने पर
अपनी ही आँसुओं की नदी में
डूब जाती हैं- आँखें
जैसे - वृक्ष
डूबता है अपनी ही छाया में
और छाया में डूबती है देह
फिर भी महसूस करती है - प्यास

शब्द तुम्हारे
हल्दी की गाँठ
रक्त जल में
उतरता है रंग

शब्द तुम्हारे आषाढ़ी मेघ
आस्था की माटी में
रमती है - सोंधी नमी

शब्द तुम्हारे
सहस्र पाँखुरी-पुष्प
आँखों के आकाश में
उगता है— युग वसंत

तुमहारे शब्दों की आँखों से
पीती हूँ उजाला
आला भर
अँधेरे से सूने
डरे-घबराए वक्ष के लिए
तुममें घुले बगैर
जानना कठिन है - प्यार का अपनापन
आँखों में समा जाता है जैसे सबकुछ
वैसे ही तुममें
मेरा हर कुछ

उँगलियों पर दिन गिनने में
आँखें भूल जाती हैं - नाखून काटना
बढ़े हुए नाखून
काटते हैं समय सुरंग
शकटार की तरह

मन की अँजलि में
स्मृतियों की परछाईं है
जो घुलती है
आत्मा की आँखों में
और आँसू बनकर
ठहर जाती है—
कभी आँखों के बाहर
कभी आँखों के भीतर
मन के अधरों में
धरा है प्रणयामृत तुम्हारे लिए
शब्द बनकर
कभी ओठों से बाहर
कभी ओठों के भीतर

□

लय-विलय

प्रेम में
साँसें समझ पाती हैं
साँसों की भाषा
जो हथेलियों से आँखों तक
एक हैं-

मन-देह के बीच
अपनी लिपि में
अपने लय में
अपने शब्दों में
अपने अर्थ में
होता है
लय में विलय

एकांत में
राग की सुगंध
और सुगंध का अंगराग अपनी मन गंगा में
जीती हूँ तुम्हारी यमुना
जैसे-
अपने कृष्णत्व में
तुम मेरी राधा

प्रणय चाहता है
अपनी देह-गेह में

प्रिय का हस्ताक्षर
संवेदना की जड़ें
पसरती जाती हैं- भीतर-ही-भीतर
कि देह- माटी
पृथ्वी के समानांतर
अपना वसंत जीने लगती है।

प्रणयाग्नि से तपी - देह
हो जाती है स्वर्ण - कलश
अमृत से पूर्ण

प्रणय
देह के ईश्वरीय चौखट पर
समर्पित करता है - अपना सर्वस्व
जैसे - विलीन होते हैं-
पंच तत्त्वों में
पंच तत्त्व

□

राग -ध्वनि

कागज पर शब्द
जैसे
ओठों पर शंख
मन की पुस्ती पर
तुम्हारा नाम है-
मेरा मन
तुम्हारी स्मृतियों की किताब है
ईश्वर ने लख लिया है
मेरे भीतर तुम्हें
हम दोनों के साथ की एकल छवि
ईश्वर ने हम दोनों में
बचाया है— प्रेम
और हम दोनों ने
प्रेम में ईश्वर।

□

मधु-घर

तुम्हारे होने के बाद
अपने भीतर सूँघ सकी
खाली जमीन की
रुँधी कसक
जहाँ उग आया है - वसंत
और उड़ान की फड़फड़ाहट

तुम्हारे शब्दों ने मेरे भीतर खोला
पारदर्शी निर्झर प्यास के विरुद्ध

तुम्हारे होने भर से
जान सकी
फूलों में
कहाँ से आती हैं - सुगंध
कैसे आती है - कोमलता
धूप—उन्हें
कैसे तबदील करती है - रंगों में
मन
कैसे बदल जाता है—
वृक्ष में तितली
कहाँ से लेती है - लुभावने रंग
मधुमक्खी क्यों बनाती है-

शहद का घर
शाख पर टाँगकर
तुम्हारी आँखों में
खुद को देखने के बाद जाना
नदी क्यों
बहती रहती है- रात-दिन बगैर रुके
समय की तरह।

□

प्रणय-स्रोत

शब्द
तुम्हारी तरह
देखते हैं- मुझे
और मैं
शब्दों को तुम्हारी तरह

ईश्वर के प्रेम की
छाया है - तुम्हारी आत्मा पर
ईश्वर अंश है-
तुम्हारा चित्त
तुम्हारे प्रेम में
मैं 'प्रेम' का ईश्वर देखती हूँ
तुम्हें
छूकर
मैं प्रेम का ईश्वर छूती हूँ
तुम्हारे कारण
पाषाण में बचा है - ईश्वर
शब्दों में
तुमने रचा है - ईश्वर
क्योंकि
तुमने ही...तुम्हारे अस्तित्व में है - ईश्वर
इसीलिए तुममें है

ईश्वराशीषी प्रेम
ईश्वरीय प्रेम
पवित्र पारदर्शी
प्रणय नदी का उद्गम
अक्षय स्रोत।

आँखें
चाँद से पीती हैं- पूरी चाँदनी
साँसें
रातरानी से
खींचती हैं - प्राणजीवी सुगंध
अस्तित्व
धूप से ग्रहण करती है— उजास का पूर्ण सुख
मेघ से
भीग उठती है- आत्मा की पोर - पोर
वैसे ही
हाँ, वैसे ही
तुमसे
लेती हूँ तुम्हें तुम्हारे अपनेपन को
जैसे -अँजली में
सरिता का जल
अधरों पर
सागर-शंख
आँखों में

ऋतुओं की गंध
वक्ष में
स्वप्न के अंतरंग

नदी के द्वीप - वक्ष पर
लहरें लिख जाती हैं-
नदी की हृदयाकांक्षा
जैसे- मैं

सागर के
रेतीले तट पर
भँवरें लिख जाती हैं-
सागर के स्वप्न भँवर
जैसे - तुम

पृथ्वी के सूने वक्ष पर
कभी ओस
कभी मेघ-बूँद
लिख जाती हैं-
तृषा - तृप्ति की
अनुपम गाथा
जैसे - मैं

शब्दों से खींचती हूँ साँस

विदेश के प्रवास में
अँधियारे मीठे उजालेपन में
चाँदनी, सितारों में
जब चमक चुकी होती है

चाँद सोता है
जब तुम्हारे सपनों में
अकेलेपन की पिघलती मोमबत्ती की
सुनहरी रोशनी में
कभी शब्द तपते हैं ताप में
और कभी मैं शब्दों के साथ

अपने बाहर की ही नहीं
भीतर की भी साँस रोककर शब्दों से खींचती हूँ साँस
पसीने से तर-ब-तर
मन की उमसती कसक को
पसीजी हथेली में रखती हूँ-
शब्द बनाकर
तुम्हारे लिए लिखे जानेवाले
शब्द हों वे जैसे-
हृदय-मंजूषा में
प्रेम की पीड़ा के बहुत एकांत में

चुपचाप जन्म लेते हैं शब्द
जैसे - आधी रात को पहर बदलता है
हवाओं की साँस ठहर जाती है क्षण भर को
तब सितारे लिखते हैं- नई तारीख
नया दिवस।

सूरज,
हर सुबह
छींटता है नई उत्सव रश्मियाँ
जैसे वे भी
शब्द-बीज हों
अगले भविष्य के लिए।

□

परिभाषाओं से परे

प्रेम में
व्यक्ति
अपने प्रिय के लिए रचता है
बाहर और भीतर
एक नई दुनिया
प्रेम के अनुकूल
और उसके ही
प्रेम से बनी
जैसे - कोरे कागज पर
वह लिखता है
प्रेम के लिए चिट्ठी
प्रेम की सारी परिभाषाओं से अलग
प्रेम की नई भाषा
अपने अनोखे प्रिय के
समर्पित
प्यार के लिए
वैसे ही
वह उसके लिए
बनाना चाहता है— नया घर
प्रेम घर

अतीत को
मिटाकर
बीते हुए एकाकीपन से पीले
और गले हुए उदास साँसों से
धुआँई दीवार पर
अपनी प्यार से चमकती साँसों से
धवल कर देना चाहती है, जिंदगी की
अकेलेपन से कालिख हुई दीवार को

प्रिय के
प्यार के सुख के लिए
अपने हाथों और हिम्मत से
रचना चाहती है
एक नया संसार
जो किसी भी दुनिया से
सुंदर हो
और उसके कहे की तरह
विश्वसनीय हो
वह
प्रकृति की बदनियति से भी
बचाकर रखना चाहती है-
अपना प्यार
प्रकृति की दैविक, भौतिक और दैहिक आपदाओं से
परे रखना चाहती है वह
अपना प्यार और प्रिय

प्रकृति की-
सबसे सुंदर सृष्टि के रूप में
बचाए रखना चाहती है
अपना प्रिय
और उसके लिए
प्रकृति

पृथ्वी से मिटा देना चाहता है
वह हिंसा का खून
और अविश्वास का झूठ
कि अपने प्रिय
के हृदय से
डर मिटा सके
वह अपने जीवन का
सर्वोत्तम सौंपकर
पृथ्वी की ओर
अपनी आत्मीय की
आँखों में विश्वास का संसार
रचना चाहती है
जिससे वह
निर्भय होकर
उसकी हथेली पकड़ सके
विश्वास से उसके
ओठ चूम
सके

अपनेपन से भरकर
उसके भुजपाश में सिमटकर
उसके वक्ष का आलिंगन ले सके
विश्व के किसी भी कोने में
किसी भी शहर में
सबके सामने
निर्भय होकर
जैसे
पक्षी उड़ते हैं आकाश में
निडर होकर।

□

धर्म से बाहर

प्रेम को
पृथ्वी की पहली और अंतिम चाहत की तरह
मैंने चाहा है—
जब प्यार ने सृष्टि में
जन्म लिया था
इसके बाद
हम दोनों के हृदय बीच
इसने पुनर्जन्म लिया है

स्वार्थ ने
समय के प्यार को
बहुत मैला कर दिया है
और अविश्वास ने
प्यार का साँचा ही तोड़ दिया है
जैसे ईश्वर से बने हुए धर्म से
ईश्वर बाहर हो गया है
लोगों ने ईश्वर उठा दिया है
धर्म के भीतर से ईश्वर
वैसे ही प्यार में
अब प्यार नहीं बचा है
प्यार की
पहचान को लोगों ने खो दिया है

अपने
मानस के धर्म में

मैं फिर से
ईश्वर रच रही हूँ
अपनी आस्था की ताकत से
वैसे ही
अपने मन के धर्म से
तुम्हारे हृदय में
'प्यार' रच रही हूँ
जिसे 'दुनिया'
प्यार के नाम से जाने
और जाने कि
प्यार की पहचान क्या है कि
वह जगत् के जीवन की शक्ति बन सके
मेरा प्यार
किसी भी दौड़ को
पाने और पहुँचने का हिस्सा नहीं है
ईश्वरीय भावना का
ऐकात्मिक सम्मान है

समर्पण
और विश्वास
प्यार की पहचान
शर्तों, अनुबंधों और प्रतिबंधों से परे
तुम मेरे
मन और अस्तित्व की
पहली और अंतिम
चाहत हो।

पुनर्जन्म का सुख

वह मुझे सुनता है
अपने पहले प्यार की तरह
वह मुझसे खेलता है
बचपन की यादों की तरह
वह मुझे खिलाता है
अपने सुख का पहला कौर
वह मुझे देखता है
अपने भविष्य की तरह
वह मुझे सहेजता है
अपनी हथेलियों की तरह
वह मुझे चूमता है
अपने अनमोल सपने की तरह
वह मेरे मौन को पढ़ता है
सबसे सशक्त संवाद
की तरह
वह मुझे रचता है
थकान उतारकर
अपने प्यार से
मुझे वह देता है पुनर्जन्म का सुख
अपनी संतान को जन्म देने से पहले
वह मुझमें प्यार जनमता है

सारी स्तब्धताओं के बावजूद
मैं उस तरह नहीं चल रही
जैसे दुनिया दौड़ रही
क्योंकि
मैं जानती हूँ
जहाँ गति होती है
वहाँ गहराई नहीं होती
गति में सबकुछ
छूटता जाता है
आँखें भी नहीं
पकड़ पाती हैं।

□

सर्वस्व तुम्हारा

सूर्य की चमक में
तुम्हारा ताप है
हवाओं में
तुम्हारी साँस
पाँखुरी में
तुम्हारा स्पर्श
सुगंध में
तुम्हारी पहचान

जब जीना होता है तुम्हें
प्रकृति में खड़ी हो जाती हूँ
और आँखें महसूस करती हैं
मेरे भीतर तुम्हें

मैं अपनी परछाईं में
तुम्हें ही देखती हूँ क्योंकि
मेरी देह तो
'तुम' बन चुकी है
मैं तो
तुम्हारे प्यार की
परछाईं बनकर
धरती पर

बिछी हुई हूँ
जिसे तुम्हारी देह
छाया बनकर छूती है
कि धरती तक
खिल पड़ती है-
मेरी परछाईं में
तुम्हारी खिली मुसकराहट है
कि 'शब्द' की तरह
मैं अपनी
परछाईं के कागज में
तुम्हारे ओठों के रंग से
लिखा हुआ देखती हूँ कि
जिसे मेरे ओंठ चूम लेते हैं
और आँखों के भीतर
एक वसंत खिल पड़ता है
तुम, इस तरह
मेरी आँखों के भीतर प्यार की पृथ्वी रचते हो
जिसे मैं शब्द की प्रकृति में
प्रकृति से घटित करती हूँ।

□

अपेक्षाकाश

आँखें जब तक देखती नहीं हैं
वह स्वर्ग है उनके लिए
ओठों को बोलने से पहले
बोलने का अर्थ चाहिए
उँगलियों को स्पर्श से पहले
आवेग की गति चाहिए
हथेलियों को मुट्ठी बनने से पहले
उसमें भरने को मूल्यवान शब्द चाहिए
हृदय को धड़कने से पहले
हृदय चाहिए
पाँव को चलने से पहले
रास्ता चाहिए।
रास्ते से पहले एक
घर जैसी आत्मीय मंजिल चाहिए
जीने से पहले जिंदगी की जरूरत चाहिए
जरूरत से पहले जीवन की जिंदगी चाहिए
जैसे जीने के लिए प्यार का विश्वास
और उसकी शक्ति चाहिए
जैसे बीज को पेड़ बनने से पहले
धरती, सूरज और पानी चाहिए
वैसे ही अपने से पहले

मुझे तुम चाहिए
तुम्हारे तुम से ही
मेरा 'मैं' बनेगा
तुममें जीने के लिए
तुमसे जीने के लिए।

प्रेम के क्षणों में
तुम्हारे हृदय का रिसता - रस
मेरे प्रणय का रस है।
जो तुमसे होकर मुझ तक पहुँचता है

प्यार एकात्म अनुभूतियों की
अविस्मरणीय दैहिक पहचान है
प्यार में मन
सपने सजाता है तन के लिए
और तन जन्म देता है
मन के लिए पुखराजी - सपने

प्यार में
मन-तन धरती से समुद्र में
बदल जाता है
और समा जाती हैं-
एक-दूसरे में
अनन्य राग
अनुराग की साँसों में

माटी से पानी में
बदल जाती है - पूरी देह
देह के भीतर के
बर्फीले पहाड़
बादल की तरह उड़ने लगते हैं
देहाकाश में
इंद्रधनुषी इच्छाओं के बीच

प्यार में भाषाओं
का कोई काज नहीं होता है
'प्यार' ही 'प्यार' की भाषा है
देश-काल की सीमाओं से परे।

□

अंतरंग सच

तुम्हारा प्यार
मेरे प्यार का आदर्श है
अपने भीतर बसी
तुम्हारी छवि के ओठों से लगकर
अकेलेपन की वाइन के ग्लास को सटाकर
कहते हैं - चीयर्स
जिसमें चीख पड़ती है - आंतरिक साँस
जिससे बचाए रखी है
अपने जीवन की अंतिम साँस
जिसमें जी सकूँ
तुम्हारा अमर प्यार

बादलों से बादलों के
क्षितिज की तरह बन गए हम दोनों
प्यार में
समुद्र से बने हुए
सागर के क्षितिज हैं हम दोनों
प्यार में
समुद्र को पीता है आकाश
आकाश को पीता है समुद्र
नदी को जीता है समुद्र
वैसे ही तुम मुझे अपने
कोमलतम क्षणों में.
और स्मृतियों में।

□

पत्तों की सुर्खियाँ

घड़ी की
दूसरी सुई सी धड़कनें
तुम्हारी धड़कनों के पीछे हैं
तकदीर की थाप
तुम्हारी हथेली से
गूँजती है - तबले के राग की तरह

सबकुछ ठहर जाता है
ओझल होते ही
सिर्फ समय पार करती हैं साँसें
निस्पृह होकर
तुम्हारे साथ के बाद
कोई गीत के बोल
नहीं रुकते हैं ओठों पर
सुर्खियाँ और पतझड़ है जीवन

तुम्हारी रुमाल की परतों में
हथेली के स्पर्श की परतें हैं
तुम्हारे सुने गाने
और फिल्मों को
अपने समय के भीतर
वहीं रोक दिया है

और वहीं से
दिखते हो तुम
मुझमें मेरी ओर आते हुए
जैसे - उदय होता है सूरज
और खिलता है - चंद्रमा

□

स्वरूप

मैं,
तुम्हारे ओठों का वाक्य हूँ.
हृदय की भाषा का सर्वांग

तुम्हारे स्पर्श ने
रची है- प्यार की देह
जो बोलती है - मेरे भीतर
तुम्हारे ही शब्द बनकर

मेरी अनुपस्थिति में
तुम्हारे बढ़े हुए नाखून
खखोरते रहते हैं
तकदीर का बुरा समय
उँगलियों की पोरों पर
बैठे हुए बढ़े नाखून
प्रतीक्षा करते हैं - तुम्हारी ही तरह
मेरे पहुँचने की
कटने के लिए
जिससे मुलायम हो सके समय
उँगलियों की तरह
आँसू
पोंछते हैं - अकेलेपन के निशान

कि कल को
तुम्हारे साथ होने पर
कहीं लौट न पड़े अकेलापन
चिह्नों के सहारे
आँखों में
गले के
घर में
आँसू की स्याही से
शब्दों में रचती हूँ - भगवान्
और अपने भगवान् में
रचती हूँ - आस्था का ईश्वर
उसकी धड़कनों के भीतर
सुना है - ईश्वर का संदेश
प्रेम के शब्दों में।

□

नदी की रेत में

उदास मन की जड़ें हैं
रेत की नदी में हैं-
प्यासी और प्यासी

तुम्हारे सुख के अलावा
कोई खुशी नहीं हँसा पाती है— उदासी को
अपनी ही आँखें नहीं सोख पाती हैं-
आँसुओं के चिह्न

किसी ईश्वरीय- मौन में
नहाकर उदासी
धो लेना चाहती है-
अपना करुण चेहरा

तुम्हारी अनुपस्थिति में
चुपचाप
कहाँ से उग आते हैं-
नागफनी के काँटे
चेहरे में
शब्दों में
साँसों में

प्रणय
उतार फेंको- उदासी का
सामुद्री मछुआरी जाल
जिसमें
प्रिय के प्यार के आनंद की
चमक भी घुटन में दब जाती है।

□

विदग्ध - मन

तुम्हारी तृषा की तृप्ति - बूँद बन
समा जाना चाहती हूँ
बिछोह - संताप की यंत्रणा से
स्थायी मुक्ति के लिए

तुम्हारी हथेली की रेखाओं में
खोजती हूँ- अपने लिए रास्ता
अकेले बैठे हुए तुम
मेरी प्रतीक्षा में
गा रहे हो— जहाँ
अनंत अनुराग-राग
पुकार की गुहार में

एक-एक शब्द
बोती हूँ अपने भीतर
बीज की तरह
कि जब बरसोगे
मेघ बन तुम
सुगंध का अंकुर बन उगूँगी
तुम्हारी वक्ष-वसुधा भीतर
साँसों में बस जाने के लिए
कि

रावणी दुनिया से छुड़ाकर
ले जा सको
अपने मन के देश
बगैर पासपोर्ट, वीसा के

तुम्हारी स्वप्निल आँखें
रचाती हैं - जिस प्रणय की धरती को
तुम्हारे साँसों के पाँव
परिक्रमा करते हैं - जिस प्रणयी धरती की
वही देश
मेरे मन का देश है

जहाँ रहने के लिए
तुम्हारे मन का वीसा चाहिए
और छवि का पासपोर्ट।

मटियाली धरती में

आँसू छुपाकर
रोती हैं - आँखें
जैसे
नजरें बचाकर
मिलती हैं- नजरें

ओंठ सहेज रखते हैं
स्पर्श का कोमल - सुख
जैसे
शब्दों में शेष है-
नाजुक अर्थ-छुअन

यादें,
याद करती हैं
यादों की सुगंध

मन के
कहीं कोना भर मटियाली जगह पर
उग आता के ओठों से लगाया
प्यार का पेड़
कि पूरी देह 'कल्पवृक्ष' से भी अधिक
जादुई हो जाती है

जिस पर
उकेरा जा सके
'तुम्हारा नाम'
क्योंकि तुम
अनोखे प्रणय के आविष्कर्ता हो

तुम्हारी आँखों के मिलान
और ओठों के स्पर्श से
जन्म लेते हैं- नए शब्द
अपने अद्भुत नयनालिंगन में
रचते हैं-
बिना छुए
छुअन की अनबोली
मीठी भाषा
जिसका स्वाद
पूरे देह में घुलकर
रचता है - मिठास का आनंद
स्वाद से परे जाकर।

□

मन-गंगा

तुम्हारे बिना
समय - नदी की तरह
बहता है मुझमें—
मैं नहाती हूँ — डर की नदी में
जहाँ डसता है
अकेलेपन का पनीला - साँप
कई बार

मन-माटी को बनाती हूँ - पथरीला
जिसकी देह को
अपने स्पर्श से तराशकर
तुमने बनाया है— मोहक

सुख की तारीखों को
दफ़न करता है— समय
मन के कब्रिस्तान में
कपोत-सी
उड़ जाती हैं—साँसें
तुम्हारे वक्ष में धड़कने के लिए
तुम्हारी स्मृतियों की परछाईं में
पकड़ती हूँ तुम्हें

अपने भीतर के मौन में
जीती हूँ - तुम्हारा ईश्वरीय प्रेम
तुम्हारी चुप्पी में होता है-
तुम्हारा सलीकेदार अपनापन

अकेले के अँधेरेपन में
तुम्हारा नाम –
ब्रह्मांड का एक अंग
देह की आकाशगंगा में
तैरकर आँखें
पार उतर जाना चाहती हैं
अपने ठहरे हुए समय के शिखर से
पलटकर
तुम्हारी धड़कनों के साथ
चलना चाहती हैं - मेरी साँसें

□

मन ताबूत का अन्तस

नियति की आँख से
आँसू की बूँद बनकर
ठहर गया है— समय
मेरे समय के भीतर
जहाँ से
चेतना कलपती है
अपनी मुक्ति के लिए

तुम मोक्ष हो मेरा
तुम्हारे नाम से
मेरे भीतर बनी है
जीवन की नई दुनिया

तुम्हारे प्रेम का अस्तित्व ही
मेरे प्रणय के जीवन की अस्मिता है
उसी में तुम्हारा 'मैं' हूँ
और मेरा मैं हो 'तुम'

तुम्हारे बिना
मेरी देह ताबूत है
मैं तुम्हारे देखने से
बनी हूँ - प्रेम की सुंदर देवी
तुम्हारे प्यार के लिए

नव-सृष्टि का प्रथम बीज है
तुम्हारे होने पर
तुमसे ही सहेज लेते हैं
अपने लिए कुछ
बहुत धीरे से... बे आहट
तुम्हारे अनजाने

उपस्थिति की संपूर्ण ऋतु
अपनी साँसों में
संकल्पों की निष्ठुर दृढ़ता
अपनी हथेली में
विश्वास का निर्झर वसंत
अपने रक्त में
अधीरता का रुधा धैर्य
अपनी विकलता में

तुम्हारी नयन- नदी में
प्रवाहित किया है अपनी स्वप्न - नौका
चित्त ने स्पर्श किया है - अनस्पर्शित
छवियों से आँखों ने बिन लिया है
थोड़ा सा धैर्य
थोड़ा सा मौन
थोड़ी सी आस्था
थोड़ी सी आकांक्षा

थोड़े से स्वप्न
थोड़ी सी ध्वनियाँ
और इन सबने
रचे हैं कुछ अनरचे शब्द
अध्वनित पर ध्वनित
अंतःप्राण में
जैसे - नदी में नाव

तुम्हारी सघन चुप्पी में
अंतरिक्ष से अवतरित होते हैं शब्द
साँसें रखती हैं— सहेज प्राणघर में
लय-छंद
धड़कनों के तारों में सधता है
आत्मा की देह-भीतर गूँजता है
प्रणय के सहोदर हैं प्राण
प्रणय के सहचर हैं प्राण

विकल अभिलाषाओं का
अविकल प्रणय-पत्र है- हृदय
तुम्हारी उपस्थिति ने
सूर्य रश्मियों से
सोख ली है - प्रणय उर्मियाँ
अधूरे चाँद के निकट
रख दी हैं - स्मृतियाँ

हृदय प्रसूत तुम्हारे शब्द
पूर्णिमा की ज्योत्स्ना से समृद्ध

स्वाति नक्षत्र की बूँद से
पी है - निर्मल नमी
वसंत के गंध - बीज को
उगाया है - मन वसुधा में

आँखों के भीतर का स्वप्नपुरुष
अंतरिक्ष का ध्रुवतारा
आत्मा की माटी से
गढ़ी है प्रणय की सुकोमल देह
अपने रक्ताग्नि के ताप में
ढाली है - प्रणय की अक्षय - काया
अपनी साँसों से फूँके हैं प्राण
प्रणय की अलौकिक देह में
अपने अश्रुजल के अमृत से
किया है - देह का विदेह अभिषेक
मेरे प्रणय में
अवतरित हैं — मेरे - तुम्हारे पंचतत्त्व
पंचतत्त्वों से बना पंचामृत है - प्रणय
आँखों और ओठों के लिए

□

आँसुओं की नदी

आँखों के भीतर
आँसुओं की नदी है-
पलकें मूँदकर
नहाती हैं - आँखें
अपनी ही आँसुओं की नदी में
दुनिया से थककर

ओठों के अंदर
उपवन है
चुप होकर स्मृति
जीते हैं- ओठ
प्यास से जलकर
एकाकीपन की आग में

हृदय की वसुधा में
तुम्हारे प्रणय का नियाग्रा झरना है
मेरे लिए झरता हुआ

□

शब्दों के रास्ते

समुद्र पार की उड़ान से पहुँचा है
भारी हैं - उसके पंख
अलौकिक है - प्रेम
जो समर्पित होता है-
समुद्री दूरी के बावजूद
प्रतीक्षित और विरल
जीवन-स्पर्श के लिए
तुम्हारे - अपने संबंधों के लिए

रची है मैंने
एक अनूठी भाषा
जिसके शब्द-
रातों की तनहाई
और नींदों के सपनों से बने हैं

खुली आँखों में
सपनों का घर है
आँखों के पाँव
पहचानते हैं हृदय का रास्ता
काँच हुई देह पर
गिरते हैं- ओठों के बूँद - शब्द

पिघलता है— रंगों का सौंदर्य
अकेलेपन की आग में

स्मृतियों की गीली रेत पर
चलती हैं - अधीर आकांक्षाएँ

अभिलाषाएँ
वेनेजुएला के राष्ट्रीय - पुष्प-वृक्ष-
'ग्रीन हार्ट' का पर्याय नहीं है जो सिर्फ एक दिन के लिए
हवाओं में खिलता है- अपनी साँसों में
और जीता है जीवन सौंदर्य-बोध के लिए

तुम्हारा-अपना प्रेम
अलौकिक प्रणय- नदी का
लौकिक तट
तटबंध हैं- मैं और तुम

पूर्णिमा का सौंदर्यबोधी चाँद
मन भीतर पिघलकर
रुपहला समुद्र बनकर समा जाता है—
आँखों की पृथ्वी में
अपनी जगह बनाते हुए
महासागर की तरह

चमक चाँदनी के रुपहले डोरों से
मन बुनता है - सारी रात
अपने लिए - सुहाग-चूनर
तुम्हारे लिए सुहाग - साफा

□

सूखी गंगा

मेरे ओंठ में
सूख गई है—
अकेलेपन की रेत की नदी
ओंठ
दो बूँद की प्यास में
तपाते हैं के लिए

अँधेरे में बदल चुकी आँखों में
काले हो चुके हैं - सपने
दिन की कोई रोशनी
कठफोड़वा की तरह
देह के तने में
नहीं बना पाती-कोटर
भावी प्रकाश शिशु के प्रसव के लिए

दुनिया की
मांसाहारी दृष्टि से थक चुकी हैं- आँखें
तुम्हारी आँखों की गोद में
सिर रखकर
तुम्हारी देह की नदी में डूबकर
नहाते हुए विश्राम करना चाहती है- संवेदनाएँ
अगली सदी तक के लिए

तुम्हारी आँखों के साथ के रास्ते से
दौड़ने के लिए
पहुँचने के लिए
अपने हृदय की तरह
तुम बनाए रखना चाहते हो
मेरा मन - तन और समय
लाल स्याही की तरह
तुम्हारे ओठों ने भरी है
मेरे मन के पृष्ठों की माँग
जो मेरे तुम्हारे
संबंधों का
दस्तावेज है - ऐतिहासिक
प्रणय-कथाओं से परे
नवीन प्रणय का
आधार पृष्ठ
ईश्वरीय कानून का
घोषित दस्तावेज
मेरे - तुम्हारे शब्द।

☐